SÃO ROQUE,
serviço ao próximo

COLEÇÃO AMIGAS E AMIGOS DE DEUS
- *Francisco de Assis: pobre e livre* – Francesc Gamissans
- *Santo Antônio, palavra e pobreza* – Francesc Gamissans
- *São Roque, serviço ao próximo* – Martirià Brugada
- *São Sebastião. Novena biográfica* – Pe. Campos

Martirià Brugada

SÃO ROQUE,
serviço ao próximo

Paulinas

Dados Internacionais de Catalogação na Publicação (CIP)
(Câmara Brasileira do Livro, SP, Brasil)

Brugada, Martirià
  São Roque, serviço ao próximo / Martirià Brugada ; tradução Maria
Luisa Garcia Prada ; [ilustrações Mercè Gallifa]. – São Paulo : Paulinas,
2003. – (Coleção amigas e amigos de Deus)

  Título original: San Roque, camino y servicio.
  ISBN 85-356-1191-6

  1. Roque, Santo, 1295-1327 I. Gallifa, Mercè. II. Título. III. Série.

03-4789   CDD-270.092

Índice para catálogo sistemático:
1. Santos cristãos : Vida e obra   270.092

Título original da obra: *SAN ROQUE, CAMINO Y SERVICIO*
© Centre de Pastoral Litúrgica, Barcelona, 2000.

Citações bíblicas: *Bíblia Sagrada – tradução da CNBB, 2. ed. 2002.*

Direção-geral:	*Flávia Reginatto*
Editora responsável:	*Celina H. Weschenfelder*
Tradução:	*Maria Luisa Garcia Prada*
Copidesque:	*Cristina Paixão Lopes*
Coordenação de revisão:	*Andréia Schweitzer*
Revisão:	*Leonilda Menossi e Valentina Vettorazzo*
Direção de arte:	*Irma Cipriani*
Gerente de produção:	*Felício Calegaro Neto*
Ilustrações:	*Mercè Gallifa*
Capa e editoração eletrônica:	*Sandra Regina Santana*

Nenhuma parte desta obra poderá ser reproduzida ou transmitida por qualquer forma e/ou quaisquer meios (eletrônico ou mecânico, incluindo fotocópia e gravação) ou arquivada em qualquer sistema ou banco de dados sem permissão escrita da Editora. Direitos reservados.

Paulinas

Rua Pedro de Toledo, 164
04039-000 – São Paulo – SP (Brasil)
Tel.: (11) 2125-3549 – Fax: (11) 2125-3548
http://www.paulinas.org.br – editora@paulinas.org.br
Telemarketing e SAC: 0800-7010081

© Pia Sociedade Filhas de São Paulo – São Paulo, 2003

Um sinal vivo, e não um documento

O que existe de mais importante em um santo não é o que dele se sabe, mas aquilo que ele mostra a cada um de nós. De Abraão, de José de Nazaré, da maior parte dos apóstolos, pouco se sabe. Mas ninguém coloca em dúvida que eles, e outros tantos como eles, são marcos fundamentais em nosso caminho de fiéis.

São Roque, um dos santos mais populares, é um personagem cuja documentação é pouco consistente; sua vida está repleta de lendas atraentes e ingênuas — no estilo das *fioretti* [florzinhas] de outro pobre peregrino, são Francisco de Assis —, com atitudes admiráveis de serviço ao próximo. Sua mensagem é clara: peregrinação, pobreza, serviço ao próximo... Uma mensagem que penetrou e permanecerá para sempre no coração do povo de Deus.

Deixando para trás a emergente cultura urbana, voltada para a produção, para o mercantilismo, essa mensagem abandona os parâmetros cartesianos do mundo moderno para propor a importância de nos desprendermos dos valores inconstantes deste mundo e fixarmos o centro de nossa vida nos valores que permanecem.

"Se queres ser perfeito, vai, vende os teus bens, dá o dinheiro aos pobres, e terás um tesouro no céu. Depois, vem e segue-me" (Mt 19,21). Desde os monges peregrinos do Oriente até os missionários irlandeses, o conselho de Jesus fez-se realidade em muitos santos: de Aleixo a Columbano, de Francisco de Assis a Inácio de Loyola.

Lembro-me de um homem simples e bom, que em sua juventude renunciou a tudo para cuidar dos idosos que viviam no asilo de minha cidade. Pedro, o do Asilo, assim o chamavam. Não se cansava de peregrinar pelas estradas da região, recolhendo alimentos em sua carroça, e com isso tornando menos árduo o trabalho das irmãs de alimentar os velhinhos do asilo. Não lhe faltavam instrução e cultura. Pelo contrário, lia muito e costumava filosofar com impressionante sabedoria. Sua força era a oração; rezava continuamente o terço e participava — quase em êxtase — das celebrações litúrgicas. Suas referências eram claras: o Menino de Belém, a eucaristia, Maria de Nazaré, o serviço ao próximo... Esse homem morreu logo após ter sido atropelado, com a carroça e o burro, por um automóvel. Era o ano de 1977, e passara quase 60 anos percorrendo os caminhos a serviço do asilo. E esse itinerário de simplicidade, de serviço e de oração ainda hoje continua fascinando a todos que o conheceram. A riqueza documental fica para as personalidades, para aqueles que têm outro tipo de prestígio. O povo de Deus, porém, não precisa de muita documentação;

precisa, isso sim, da mensagem de Pedro: pobreza, peregrinação, serviço ao próximo... Aí está a grandeza de Roque de Montpellier.

Poucos santos foram tão populares no Ocidente quanto são Roque. Especialmente entre os séculos XIV e XVIII, seu culto se espalhou por muitos países europeus e por todos os níveis sociais, embora ainda sem o aval e o estímulo das classes oficiais, envolvidas em outras preocupações. Não admira que haja pouca documentação sobre esse misterioso personagem com um perfil histórico indefinido. Sua existência algumas vezes chegou a ser colocada em dúvida ou foi reduzida ao mundo da fantasia popular. Herói cultural, canonizado por seu precioso simbolismo e pela lenda, Roque é o produto de uma época — alta Idade Média — na qual o povo ainda tinha a possibilidade de criar seus santos. A partir desse momento histórico, a burocratização começará também a estender seus sutis tentáculos sobre o mundo da canonização dos santos, que até então estivera mais próximo do povo.

Na veneração a são Roque catalisa-se e expressa-se a angústia de pessoas de um tempo agitado e atormentado por doenças e mortes que mantinham a todos sob constante aflição. É nesse ambiente que o povo concentra sua fé na intercessão de um pobre peregrino que Deus, a uma só vez, havia curado prodigiosamente da peste e dera-lhe o poder de libertar a todos que o procurassem. Contemporâneo da peste negra e de sua dança macabra, são Roque (ao lado de Nossa Senhora) foi o refúgio de uma sociedade dizimada pelas provações, cujo anseio era voltar a encontrar o equilíbrio e a paz do corpo e do espírito.

A existência de são Roque é considerada real, embora as fontes que falam de sua vida não sejam muito claras, principalmente com relação às datas. Os poucos dados referentes ao santo são apenas fragmentos obscuros de uma adaptação de inúmeros episódios mais ou menos lendários. São Roque é, antes de tudo, a representação de um estado de vida. É a questão do exílio ou do isolamento resumindo o perfil do peregrino por excelência. Também Dante apresenta a *Divina Comédia* (1300) como sendo uma viagem e um diálogo entre Deus e o ser humano. E, da mesma forma que alguns santos procuraram a santidade na solidão e na reclusão, outros a encontraram na *peregrinatio religiosa*.

Entre os santos locais venerados na região do Mediterrâneo, os santos peregrinos têm uma representação importante. Sair pelo mundo em nome de Deus constituía para os leigos um fator de santificação quase indispensável e assumia uma condição de destaque na vida dos santos, às vezes só como um momento de iniciação. Não só nas cidades, mas também no mundo rural, veneravam-se personagens cujo único mérito era o de terem levado, durante um tempo mais ou menos longo, uma vida errante. Algumas vezes eram pessoas piedosas que, só pelo fato de terem ido aos principais centros de peregrinação (Santiago de Compostela, Terra Santa, Roma...), atraíam a admiração de seus conterrâneos. Outros morriam ou eram assassinados pelo caminho, personagens a quem se atribuía uma ascendência nobre nem sempre comprovada. Esses personagens muitas vezes alcançaram uma admiração limitada ao seu ambiente ou região. Mas, outras vezes, a admiração propagou-se prodigiosamente, como no caso do nosso são Roque.

A simplicidade de uma biografia

Lá pelo ano de 1300, a sociedade medieval entrou em uma longa crise dentro de um clima de desestruturação geral do sistema (secas, fomes, guerras, pestes...). A partir dos anos 1450/60, essa mesma sociedade renascerá da crise com um novo vigor, que lhe permitirá lançar-se a grandes aventuras. Roque deve ter nascido em meados desse século XIV, em Montpellier.

A *Acta breviora* é seu texto biográfico mais antigo e mais fidedigno. É anônimo e possivelmente redigido na Lombardia, por volta de 1430. Dele derivam as narrações posteriores, de acordo com as quais seu nascimento seria o fruto de uma promessa feita por seus pais, que sofriam por não ter filhos.

O rapaz ficou órfão cedo, vendeu toda a sua herança familiar e doou todo o dinheiro aos pobres. Era a sua resposta particular ao convite de Jesus: "Vende os teus bens, dá o dinheiro aos pobres, e terás um tesouro no céu. Depois, vem e segue-me" (Mt 19,21). E com essa atitude exemplar iniciou sua peregrinação a Roma, a qual, depois dos dois primeiros jubileus (em 1300 e em 1350), fortalecia-se como ponto de referência do povo fiel.

Na Toscana, Roque hospedou-se em Acquapendente e, no hospital, começou a cuidar das vítimas da peste, conseguindo curas surpreendentes. Não admira que fizesse uso das noções elementares de higiene que havia conhecido graças ao ambiente da Universidade de Montpellier, famosa por sua escola de Medicina. Em Cesena, antes de chegar a Roma, curou um cardeal que, posteriormente, o apresentou ao papa.

Após uns três anos, ao voltar de Roma, passou por Rímine e Piacenza. Nesta última, ele próprio foi contagiado pela peste e não teve outra escolha a não ser isolar-se em um bosque afastado da cidade. Um cachorro, que pertencia a uma casa próxima, todos os dias levava-lhe um pão que o animalzinho pegava da mesa de seu dono (fato que lembra o corvo que levava pão para o profeta Elias ou para o eremita são Paulo). O estranho comportamento do animal chamou a atenção de seu dono, um homem ilustre da cidade que, seguindo o cão, penetrou na mata onde encontrou o homem de Deus. Esse homem de bem — Gottardo Pallastrelli — recolheu Roque, curou-o, e por ele começou a mendigar, transformando-se em seu discípulo e, muito provavelmente, no primeiro biógrafo do santo peregrino. O impacto de pobreza e de serviço era o antídoto para o contágio de destruição e morte que a peste semeava.

Com o passar do tempo, um enviado de Deus — um anjo — curou-o prodigiosamente e de modo definitivo. Abandonando seu refúgio, Roque decidiu voltar à sua terra. Em Angera, às margens do lago Maggiore, alguns soldados levaram-no preso, acusado de ser um espião. Foi encarcerado e morreu na prisão cinco anos depois. Então, vários prodígios luminosos ao redor de seu corpo atraíram a atenção para o santo. Um documento que estava com ele revelou sua condição e soube-se que era sobrinho do governador da fortaleza. Imediatamente foi enterrado com toda a solenidade em uma igreja — cujo nome se desconhece —, e o túmulo transformou-se em local de veneração.

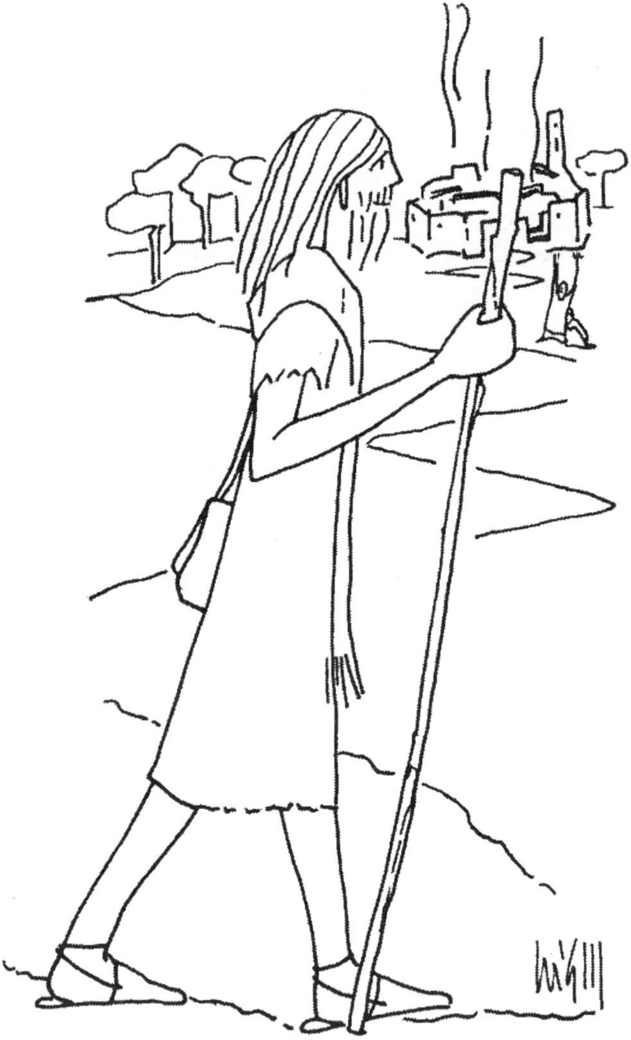

As complicações posteriores

Embora a *Acta breviora* seja o texto mais confiável, posteriormente apareceram outros textos biográficos mais plenos de admiração do que de rigor. Francesco Diedo, um homem de Veneza, governador de Brescia, reunindo diversas tradições orais difíceis de comparar, redigiu em 1478 uma nova biografia do santo. Segundo ele, Roque teria nascido em 1295 e morrido em 1327: a cronologia parece inaceitável, uma vez que não há rastros de seu culto até finais do século XIV. A grande peste, na qual havia estado envolvido, começou em 1347. E o encontro do papa com o santo, em Roma, teria sido impossível antes de 1367 (a não ser que tivesse ocorrido em Avignon, residência do papa naquela época). O citado biógrafo fala de um milagre que Roque teria realizado, detendo a peste durante a celebração de um concílio em Constança, em 1414, época em que um cardeal teria sugerido a transferência de uma pintura do santo que estava em Piacenza. O quadro teria sido recebido com grande veneração por parte dos padres conciliares e a epidemia teria sido estancada imediatamente. O episódio não pode referir-se ao concílio de Constança (1415). Apesar do mutismo das fontes históricas, pode referir-se ao concílio de Ferrara (1439).

Também não existe qualquer evidência da suposta canonização por parte de um papa de Avignon — Clemente VII ou Benedito XIII —, à qual se refere outro biógrafo de Roque, o bispo francês Jean Pin, na *Vie de saint Roc* (1516).

Dizem as lendas que Roque era filho do governador de Montpellier, vassalo do rei de Maiorca, e que, na hora do nascimento, Roque trazia uma cruz vermelha marcada no peito, profetizando seu destino. Também afirmam que era fazendo o sinal-da-cruz que são Roque curava milagrosamente os doentes em Acquapendente. Alguém, sem fundamento, interpreta que esses são indícios de vinculações do santo com o mundo dos templários, recém-suprimidos (1312). E um anjo o teria advertido, em Piacenza, de que havia sido contagiado com a peste. Roque teria dado graças a Deus por isso, antes de isolar-se no bosque onde o mesmo anjo teria feito brotar, milagrosamente, uma fonte para aplacar sua sede. Depois de sofrer durante um bom tempo, o anjo lhe devolvera a saúde.

O pesquisador A. Maurino situa são Roque entre 1345 e 1376, fazendo coincidir a visita a Roma com o regresso do papa Urbano V (1367–1370). O cardeal que aparece na vida anônima teria sido Anglico Griomard, irmão do papa e legado seu na Lombardia. Pela profusão de explicações de tudo o que acontece em Piacenza e pelas poucas explicações do que acontece em Montpellier, a *Acta breviora* teria sido redigida pelo anteriormente citado Gottardo Pallastrelli, discípulo e amigo do santo. O francês A. Fliche situa a vida de são Roque entre 1350 e 1378/79. Lembra a grande influência da família dos Rog e sua presença destacada nos cargos municipais de Montpellier, entre os séculos XIII e XIV. Com a morte de Maria de Montpellier (1213), esposa de Pedro I de Aragão e mãe de Jaime I — nascido nessa cidade em 1208 —, Montpellier passou a fazer parte da Coroa de Aragão e do Reino de Maiorca, até que, em 1349, Jaime III de Maiorca vendeu seus domínios ao rei da França. Daí vem a tradicional afirmação, principalmente em Maiorca, de que são Roque era filho do governador do Reino de Maiorca. Na Itália, esse sobrenome, originário de uma importante família do Languedoc, se transformaria em nome pessoal ou de batismo já no começo do século XIV.

Mais confusa ainda é a localização de seu túmulo. Embora tenha morrido em Angera, seu corpo teria sido transferido para Voghera e, de lá, os venezianos o teriam transportado com grande solenidade para a sua cidade, em 1485. Entretanto, os historiadores do Languedoc afirmam — com pouca credibilidade — que Roque teria regressado para morrer em Montpellier, onde teria sido sepultado em uma capela dos dominicanos. Essa cidade teria deixado de possuir suas relíquias quando o marechal Jean Le Meingre de Boucicaut as transferiu para a vizinha Arles. E, até o século XVII, o convento dos trinitários de Arles teria sido, junto com Veneza, um dos lugares de maior veneração a são Roque. Esse é outro fenômeno próprio da veneração popular, projetando a necessidade de vinculação à região: um santo não está longe de seu povo.

A principal conclusão que podemos tirar desse confronto é que são Roque teria sido um peregrino do Languedoc que se deslocou até Roma, percorrendo a Itália a partir do segundo terço do século XIV, cuidando das vítimas da peste que encontrou pelo caminho, e que morreu com honras de santidade.

Um santo peregrino e milagroso

Embora nem tudo seja preciso na documentação e no perfil biográfico de são Roque, não há como negar que o brilho do seu culto foi surpreendentemente rápido e clamoroso, detectando-se dois focos de devoção, a partir dos quais a fama do ilustre peregrino milagroso se propaga pelo mundo cristão: a França meridional, especialmente entre 1410 e 1420, e a Itália setentrional.

A partir de Veneza, um dos grandes centros desse culto, estendeu-se ao mundo germânico e à Holanda. Em 1477, por ocasião de uma epidemia de peste, foi fundada em Veneza uma confraternidade em sua honra. Posteriormente, essa confraria favoreceria a construção de uma igreja em honra do santo e de uma renomada escola de artes. Em 1499, o papa Alexandre VI autorizou, em Roma, a constituição de uma confraternidade que edificaria um destacado centro de hospedagem em virtude das sucessivas epidemias. A irmandade se propagou construindo por todos os lados centros de acolhida, igrejas, capelas... Na Itália e na França, multiplicaram-se as *Confraternità o Scuole di San Rocco*. Também se propagaram representações ou mistérios, como o chamado *Mystère de Monseigneur saint Roch*, famoso na França em 1493. Em 1653, Luís XIV edificou uma nova e ampla igreja em honra ao santo em Saint Honoré (perto do

Louvre). A Europa ficou semeada de ermidas, igrejas e hospitais em sua honra: Rochusberg (Alemanha), Anvers e Huy (Bélgica), Lisboa...

Não demorou para são Roque ficar conhecido também na Espanha. A festa em seu louvor (16 de agosto) vincula-o a muitas festas maiores dedicadas à Assunção. É venerado em toda a Península Ibérica, onde muitos povoados, vilas e cidades o celebram em festas maiores, antigas festas votivas ou romarias de grande afluência de público.

A iconografia de são Roque

Além das muitas igrejas onde o santo é venerado, também podemos admirar imagens de são Roque em muitos museus (entalhes, pinturas, azulejos...), de autoria popular ou de artistas qualificados. Entre os inúmeros artistas que recriaram sua imagem, destacam-se Andrea de Murano (o mais antigo), Jaume Huguet, Ribera, G. B. Tiepolo, Tintoretto, Millet, Rubens, David...

A iconografia habitual representa são Roque jovem e corajoso, com uma barba de peregrino e um rosto que faz lembrar a fisionomia que normalmente é atribuída a Jesus Cristo. Usa roupas com acessórios típicos de peregrino: túnica e capa curta, chapéu no qual estão bordadas as chaves de são Pedro (por ser um romeiro cujo destino era Roma), cajado — com a cabacinha —, bornal... Apresenta uma ferida na coxa ou, mais pudicamente, na perna, embora deva ter sido na virilha. Ao seu lado, está sempre o cachorro — com o pão na boca — e, com muita freqüência, o anjo que cura sua chaga.

Entre o povo e a instituição

A partir do final do século XIV, são Roque converte-se em um dos santos mais populares, com lugar de destaque entre os santos auxiliadores. O que mais fascina é seu perfil de peregrino que, andando pelo mundo, faz de seu itinerário um ato de serviço ao próximo até que uma doença o leva a dar o passo definitivo para a Jerusalém Celestial. Como tantos outros personagens de seu estilo, um halo de mistério o cerca e o transforma, ao mesmo tempo, em testemunha da proximidade do Mistério ao ser humano sofredor. Mas, apesar do considerável desenvolvimento da devoção, são Roque demorou para conquistar um reconhecimento canônico adequado. Até os últimos anos do século XV não aparecem textos litúrgicos em honra do santo. E até os primeiros anos do século XVI a celebração de sua festa — o dia 16 de agosto — não está incluída no Missal Romano. Isso é próprio de um personagem que não faz parte de nenhuma classe especialmente prestigiada.

Mais adiante, quando o interesse do povo pelo santo começa a ser notado, os franciscanos afirmam que pertencia à Ordem Terceira e assim é reconhecido por Pio IV, em 1547. Franciscanos e capuchinhos reforçam a propagação de sua devoção. O reconhecimento oficial de sua santidade fica confuso até que Gregório XIII (1572-1585) o introduz no Martirológio Romano, Urbano VIII aprova solenemente seu culto (em 1629) e a Congregação de Ritos redige os textos litúrgicos oficiais. Em 1694, Inocêncio XII determina aos franciscanos a celebração solene de sua festa.

A hierarquia eclesiástica seguiu lentamente e com atraso o entusiasmo manifestado pelos fiéis para com esse protetor que se transformou em santo, graças mais às lendas do que ao interesse de um processo canônico propiciado pelo clero. Na Europa meridional, são contínuas as peregrinações, romarias e festas em ermidas e igrejas dedicadas ao santo, e destaca-se a celebração do dia 16 de agosto na igreja em honra do santo, na cidade de Montpellier. Também é muito interessante a propagação de seu culto na América Latina. Na Europa e em vários países do Terceiro Mundo que foram evangelizados na Era Moderna, o culto ao peregrino milagroso possui ainda uma vitalidade que expressa a confiança em sua interferência vitoriosa sobre o mal e testemunha uma mensagem muito evangélica: nem a força, nem o poder, nem o prestígio, nem o dinheiro são capazes de libertar o mundo de seus males; em compensação, o caminho de renúncia, de pobreza e de serviço ao próximo que a figura de são Roque simboliza tornam possível essa libertação.

E, embora no Antigo Regime muita gente simples das sociedades meridionais — posta de lado pelos responsáveis políticos, econômicos, religiosos e sociais — tenha encontrado em são Roque a esperança de sobreviver ao desastre provocado pelas epidemias destruidoras da vida, das famílias, das comunidades humana etc., também em nosso tempo podemos encontrar, nesse santo e em seu caminho de pobreza e de serviço ao próximo, a esperança de superar muitos outros embates destruidores, próprios de nossa sociedade, que degradam a dignidade humana tanto no aspecto social quanto no pessoal, e que se espalham com tanta facilidade.

Cronologia em torno de são Roque

1208	— Em Montpellier, nasce Jaime I, o Conquistador, filho de Pedro I, o Católico, rei de Aragão, e de Maria, senhora de Montpellier.
1213	— Morre Maria de Montpellier. Montpellier fica vinculada à Coroa de Aragão.
1226	— Morre são Francisco de Assis.
séc. XIII	— Fundação das universidades de Montpellier, Toulouse, Pádua, Nápoles, Cambridge...
1238	— Nasce Arnau de Vilanova.
1260	— Arnau de Vilanova estuda medicina em Montpellier.
1276	— Morre em Valência Jaime I, o Conquistador, rei de Aragão.
1284	— Ano tradicional do nascimento de são Roque, em Montpellier.
1300	— Primeiro Jubileu cristão em Roma.
1312	— Supressão dos templários.
1315-1349	— Jaime III, rei de Maiorca e senhor de Montpellier.

1316	— O papa João XXII, eleito em Lyon, instala-se em Avignon. João XXII morre em 1334.
1327	— Ano tradicional da morte de são Roque.
1345/50	— Provável data do nascimento de são Roque em Montpellier.
1347	— Do Oriente, por meio dos ratos e das pulgas, pelas rotas marítimas e comerciais, a peste negra se alastra pelo Mediterrâneo ocidental. A população, já enfraquecida pela fome e pelas guerras, sofre uma redução considerável. A peste surgirá ciclicamente: 1362, 1371, 1381, 1396...
1349	— Jaime III de Maiorca, em confronto com Pedro, o Cerimonioso, vende ao rei da França o domínio de Montpellier.
1350	— Segundo Jubileu em Roma.
1376	— O papa Gregório XI regressa a Roma (1370-1378).
1376/79	— Morte de são Roque.
1378	— Cisma do Ocidente.
1380	— Morre santa Catarina de Sena.
1409	— Concílio de Pisa.
1414-1418	— Concílio de Constança.

Para rezar

Senhor, Deus todo-poderoso,
que nos revelastes
que toda lei se resume
no amor a Deus e ao próximo,
concedei-nos que,
imitando a caridade de são Roque,
possamos um dia ser contados
entre os eleitos de vosso Reino.

(Missal – Comum de Santos e Santas)

Glorioso são Roque,
agradecemos porque pela vida de simplicidade
nos fazeis lembrar que Deus também estará
perto de nós
quando formos sacudidos pela
dor e pela doença.
Ajudai-nos a viver essas situações
com tranqüilidade e paz,
agradecendo a ajuda daqueles que
nos servem.

Não nos deixeis esquecer que nossa vida
é avançar pelo caminho de Jesus Cristo,
servindo e amando até na pobreza.
E que sempre possamos lutar
contra tudo o que degrada e destrói
a dignidade humana e a convivência social.

Sumário

Um sinal vivo, e não um documento 5

A simplicidade de uma biografia 11

As complicações posteriores 15

Um santo peregrino e milagroso 19

Entre o povo e a instituição 21

Cronologia em torno de são Roque 25

Para rezar 27

Impresso na gráfica da
Pia Sociedade Filhas de São Paulo
Via Raposo Tavares, km 19,145
05577-300 - São Paulo, SP - Brasil - 2003